BILL BO
UND SEINE KUMPANE

Nach dem gleichnamigen Fernsehfilm
der Augsburger Puppenkiste neu erzählt

Fotografiert von
Hans und Christine Meile

Irgendwann einmal stand irgendwo in der Grafschaft Dingelstein das Gasthaus »Zum friedlichen Esel«.
Der Wirt hatte den komischen Namen aus Freundschaft zu seinem Grautier ausgesucht und in goldenen Buchstaben über die Eingangstür schreiben lassen. Der Esel — Jonathan hieß er — war nämlich ein ganz besonderer Esel, weil er sprechen konnte. Kein Wunder, daß sich der Wirt und Jonathan gelegentlich über dieses und jenes unterhalten hatten und daß sie dabei unzertrennliche Freunde geworden waren.
Eines schönen Tages nun hatten sich im Gasthaus fünf merkwürdige Gestalten eingenistet. Sie taten so, als seien sie hier zu Hause und ließen sich, sooft es nur ging, Bier und Essen schmecken. Am Abend, als es in der Gaststube ziemlich laut herging, standen Jonathan und der Wirt vor der Eingangstür und wunderten sich über den Lärm.
»Ich glaube, ich muß ein neues Faß Bier holen. Die feinen Gäste haben ziemlichen Durst«, sagte der Wirt.
»Feine Gäste? — Diese Saufkumpane werden uns noch die Haare vom Kopf fressen und

uns arm machen!« rief Jonathan empört. »Um alles in der Welt, ich glaube, daß sie hergelaufene Strolche sind.«
Über diesen Verdacht mußte der Wirt auf dem Weg zur Brauerei in Dingelstein nachdenken.
Am Ortseingang kamen die beiden Freunde vor eine hohe Bretterwand.
»Schau dir das an«, schrie Jonathan. »Hab ich's dir nicht gesagt?«
An der Wand waren nämlich die Bilder der »feinen« Gäste angeschlagen, und darüber stand in dicken Buchstaben »Gesucht werden....«. Der Wirt erschrak so sehr, daß seine Nasenspitze kreideweiß wurde. Nachdem er alles durchgelesen hatte, fragte er seinen Esel:
»Was meinst du? Was sollen wir jetzt machen?«
Der Esel wußte auch keine rechte Antwort, sondern legte den Kopf schief und die Ohren an und fragte zurück:
»Was meinst denn du?«
»Das Beste wäre, wir gingen wieder nach Hause und belauschten die Bande. Dann werden wir erfahren, was sie vorhaben. Und wenn wir's wissen, holen wir die Polizei und kassieren die Belohnung!« schlug der Wirt vor.
Während sich die beiden auf den Rückweg machten, ging es im Gasthaus »Zum friedlichen

Esel« hoch her. Das Bier floß in Strömen, und weil die Räuber sich satt gegessen hatten, bewarfen sie sich mit den übriggebliebenen Knödeln.

Der Rote Hein aus Schwaben zielte mit einem Knödel direkt auf die Nase des Räubers Gselcher aus Bayern. Der schrie wütend auf, stürzte sich auf den Roten Hein und zertrümmerte einige Bierkrüge auf Heins dickem Schädel. Sofort griffen auch die anderen in den Kampf ein, kippten Tische um, zerbrachen Stühle und schrien wie .... ja, wie eben nur Räuber schreien können. Endlich sprang Hauptmann Bill Bo auf ein Bierfaß und brüllte:
»Hört jetzt auf! Aufhören, ihr verdammten Kerle!«
Er mußte mehrmals mit dem Fuß aufstampfen und seinen Befehl wiederholen, bis sich die Kampfhähne trennten.
»Herhören!« schrie Bill Bo. »Ich befehle, daß Kill Waas draußen vor der Tür Wache schiebt, während wir anderen einen Plan machen, wie wir die Burg Dingelstein überfallen können.«
Der Räuber Kill Waas schlotterte am ganzen Körper und erwiderte zitternd:
»Ich soll im Finstern vor der Tür Wache schieben? Mutterseelenallein? Wenn ich nun überfallen werde?«
Aber Bill Bo lachte dröhnend und schrie:
»Scher dich raus, du miese Ratte, und tu, was ich dir sage!«

Als Bill Bo eine Weile später die Runde ums Haus machte, fand er Kill Waas im Mondenschein, auf einem Baumstumpf sitzend.

»Wie siehst du denn aus?« fragte er mürrisch. »Wie ein Mops in einer Blechbüchse!«

»Ich habe diese Rüstung auf dem Dachboden gefunden«, stammelte Kill Waas. »Sie ist kugelsicher!«

»Hm!« machte Bill Bo. »Wie lange sitzt du jetzt schon hier?«

»Ich habe keine Uhr«, stotterte Kill. »Du weißt doch, ich stehle nur Bücher.« Dann fügte er rasch hinzu, um die Aufmerksamkeit des Räuberhauptmanns von sich abzulenken: »Hast du schon das Neueste gehört? Der Wirt und sein Esel sind verschwunden.«

Bill Bo glaubte, nicht recht gehört zu haben, und bekam Augen, groß wie Suppenteller. »Du Dackel!« schrie er zornig. »Konntest du mir das nicht früher sagen? Der Kerl wird uns an die Polizei verraten!« Dabei wurde er ganz rot im Gesicht und griff nach seiner Pistole, um dreimal in die Luft zu ballern. Das tat er immer, wenn er sich ärgerte. Spornstreichs rannte er dann in die Wirtsstube zurück, und der arme Kill Waas, der scheinbar niemandem niemals etwas recht machen konnte, humpelte besorgt hinterdrein.

Inzwischen waren der Wirt und Jonathan unbemerkt zum Gasthaus zurückgekehrt. Sie schauten durch die Fenster und staunten nicht schlecht, als sie das wüste Durcheinander sahen, das Bill Bo und seine Kumpane angerichtet hatten. Dann schlichen sie weiter, zur Hintertür, und was sie da hörten, jagte ihnen eine Gänsehaut über den Rücken.

Bill Bo studierte nämlich gerade mit dem Räuber Gselcher die Landkarte, auf der die Burg Dingelstein mit einem dicken schwarzen Kreis umrandet war. Gselcher trank dabei mit riesigen Schlucken sein Bier und wischte sich mit der Hand den Schaum vom Schnurrbart.
»Also«, sagte er und zeigte auf die Karte, »morgen geht's los! Wir werden die Burg Dingelstein ausrauben. Das wird ein Fest, fürwahr!«
Die Lauscher an der Wand wurden ganz aufgeregt.
»Wir müssen den Grafen von Dingelstein auf Dingelstein unbedingt warnen!« flüsterte der Wirt.
»Vielleicht kommen wir der Räuberbande zuvor.«
Jonathan lief gleich zur Scheune und zog den Wagen heraus.
»Aufsitzen!« sagte er zum Wirt. »Wir haben nicht viel Zeit!«
Ein wenig später waren die beiden in der Ferne verschwunden.

Als am nächsten Morgen die Sonne aufging, rüsteten Bill Bo und seine Kumpane zum Aufbruch. Kill Waas hatte, während die anderen schliefen, eine Fahne gemalt, die er stolz herumzeigte.
»Wozu brauchen wir diesen Fetzen?« fragte Bill Bo unfreundlich.
»Natürlich zum Kämpfen«, antwortete Kill Waas kleinlaut. »Ich habe das in einem Buch gelesen. Deinen Namen habe ich besonders groß auf die Fahne geschrieben!«

Der Räuberhauptmann dachte nach. »Das ist gut!« sagte er nach einer Weile. »Das ist sogar ausgezeichnet!« gab er zu und klopfte Kill Waas auf die Schulter.
»Du bist wirklich ein echter Räuber, ein würdiger Geselle des großen Bill Bo!«
Kill Waas errötete.
»Du merkst aber auch alles«, flüsterte er ergriffen.

Die Räuber marschierten in die Richtung, in der Burg Dingelstein lag. Dabei grölten sie ein Räuberlied nach dem anderen. Und da die Sonne heiß schien, wurden allmählich ihre Kehlen trocken.
»Ich brauche ein Bier. Das ist ja eine Affenhitze!« meuterte Gselcher. »Sind wir noch nicht bald da?«
Aber Bill Bo hörte nicht auf sein Gemecker, und die Bande trottete mürrisch weiter.

Plötzlich kam den Räubern der Zufall zu Hilfe. Hinter dem nächsten Hügel passierte es.
»Achtung, in Deckung!« brüllte Bill Bo.
Alle warfen sich auf den Boden, robbten bis zur Anhöhe vor und hoben vorsichtig die Köpfe. Nicht weit von ihnen sahen sie den Esel Jonathan, der den Wagen mit dem Gastwirt zog.
»Das letzte Stück werden wir fahren«, prophezeite Bill Bo. »Macht euch gefechtsklar!«
Dann lud er seine Pistole, und die anderen zogen ihre Säbel. Gselcher stülpte seinen Hut über einen Stock und hielt ihn neben sich hoch.
»Damit die beiden denken, daß wir einer mehr sind, und sich fürchten«, erklärte er listig.

Der Überfall ging sehr schnell. Kill Waas riß die Fahne hoch, brüllte: »Hurra! Hurra!« und stolperte die Anhöhe hinunter.
Bill Bo feuerte dreimal in die Luft und lief hinterdrein.
Die anderen schrien entsetzlich und fuchtelten furchterregend mit ihren Degen in der Luft herum.
»Halt! Keinen Schritt mehr!« befahl Bill Bo. Und so kam es, daß der Wirt und sein Esel in die Hände der Bande fielen.

Gegen Abend wurde Rast gemacht. Die Räuber brieten sich am Lagerfeuer einen saftigen Schinken und tranken dazu das Bier, das sie im Gasthaus gestohlen hatten. Dann legten sie sich nieder, und schon bald schnarchten sie so laut, daß Wald und Heide wackelten. Um Mitternacht erwachte Jonathan und stupste den schlafenden Wirt an.

»Los, hau ab«, flüsterte er, »und hole Hilfe! Ich werde morgen die Bande im Kreis herumfahren, so lange, bis du mit Verstärkung zurück bist.«

Ganz vorsichtig probierte der Wirt einige Kniebeugen, um seine steifen Glieder zu lockern. Dann wisperte er:

»Mach's gut, Jonathan«, und schlich sich davon.

Als die Räuber bei Sonnenaufgang erwachten, suchten sie vergeblich nach dem Wirt. Weil sie fürchteten, daß er sie verraten könnte, hatten sie es besonders eilig, ihn einzuholen,

und hofften, daß es mit dem Eselskarren schneller gehen würde. Da aber keiner von ihnen wagte, Jonathan anzuschirren, mußten sie abzählen:
»1, 2, 3, 4, 5, 6, 7,
wo ist denn der Mann geblieben,
der den Esel schirren kann?
Wer von uns ist dieser Mann?«

Es traf Gselcher. Der wußte aber nur, daß Esel viel Geduld haben, und versuchte es zuerst mit freundlichem Zureden.
Doch Esel, noch dazu von der Sorte Jonathans, schätzen solches Anbiedern überhaupt nicht und können ziemlich bockig werden. Als Gselcher nicht zurecht kam, wurde er wütend und versetzte Jonathan schließlich einen Fußtritt.

Das ist nun aber auch für den gutmütigsten Esel zuviel. Jonathan trat mit zwei Hufen und mit voller Wucht zurück, so daß Gselcher durch die

Luft flog, sich um die eigene Achse drehte und unsanft auf seinem Hinterteil landete. »So....« sagte Jonathan zufrieden, »jetzt können wir losfahren.«

Es dämmerte schon, als der Wirt den Fluß erreichte, der sich rund um die Burg Dingelstein zog. Er legte sich hinter einen Busch, um etwas auszuruhen.
Plötzlich sagte eine Stimme neben ihm: »Guten Abend«.
»Ach, du bist es, Willi«, freute sich der Wirt, als er den Eichkater erkannte, denn nun konnte er endlich jemandem die Geschichte von Bill Bo und dem geplanten Überfall auf die Burg Dingelstein erzählen.
»Sei ohne Sorge«, unterbrach ihn Willi, der aufmerksam zugehört hatte, »wir werden die Leute auf der Burg rechtzeitig warnen.«
»Aber wie komme ich über den Fluß?« jammerte der Wirt. »Ich kann nicht schwimmen.«
»In der Nähe liegt ein Boot versteckt, mit dem setzen wir über. Ich bring dich hin! Aber pst! Sei jetzt still, da kommen die Räuber.«
Der Eichkater bog das Gebüsch auseinander, und sie konnten sehen, wie der Wagen mit Bill Bo und seiner Bande über die Anhöhe kam.

Die Räuber hätten einem fast leid tun können. Den ganzen Tag waren sie unterwegs gewesen, denn Jonathan hatte sie auf den steinigsten Wegen und den dornigsten Pfaden im Kreis herumgefahren. Jetzt waren sie so durchgerüttelt, hungrig und zerkratzt, daß sie am liebsten geweint hätten.

Gerade holperte der Wagen wieder über einen großen Stein, und die Achse quietschte bedenklich.

»Kill Waas muß die Achse ölen! Das Gequietsche geht mir auf die Nerven!« stöhnte Bill Bo. Plötzlich aber wurde er munter und schrie: »Donner und Blitz, dort läuft der Wirt!«

»Vorwärts!« brüllte Gselcher und trieb den Esel an. Doch der stellte sich lahm, um die Fahrt noch langsamer zu machen. Da halfen Bill Bo keine Flüche und keine Schreie. Der Esel blieb störrisch, und die Fliehenden waren nicht mehr einzuholen.

»Nur noch ein paar Meter«, rief Willi, »dann sind wir am Ziel!«

»Gottlob!« keuchte der Wirt, als er am Ufer den Kahn liegen sah. »Los, nimm die Ruder«, rief der Eichkater und sprang als erster ins Boot.

In der Nähe hörten sie drei Schüsse, die der Räuberhauptmann sinnlos in die Luft balerte. Plötzlich brach Jonathan aus dem Gebüsch hervor und konnte gerade noch — mit einem Satz — den Kahn erreichen in dem seine beiden Freunde saßen.

»Schnell hinterher!« schrie Bill Bo seine Leute an, die verdattert am Ufer standen und dumme Gesichter machten.

»Wie denn?« maulte der Rote Hein. »Weit und breit kein Boot, und schwimmen können wir auch nicht!«

»Faule Ausreden, ran an die Arbeit! Kill Waas, du baust ein Floß. So schnell werfen Bill Bo und seine ruhmreiche Mannschaft die Flinte nicht ins Korn.«

»Das hätten wir geschafft!« jubelte Willi. »Die Räuber gehen in die Falle.«
Und das geschah wirklich! Aber bis es soweit war, mußten der Wirt, sein Esel Jonathan und der Eichkater Willi noch manche Abenteuer bestehen.